U0039920

終活筆記
Ending Note

不留遺憾的人生四道備忘錄

道謝、道歉、道愛、道別

孫珣恒／編著

做好【走向人生終點活動】的準備

如果你知道你的生命終點將近，你最想做的是甚麼呢？

2007 年由傑克尼克遜與摩根費里曼主演的【一路玩到掛】電影（英文片名：The Bucket List），電影裡描述兩個罹患癌症末期的病人，如何利用剩餘時間來完成他們的遺願清單，度過最後快樂地的人生。

不約而同的在 2011 年，由砂田麻美導演拍攝退休父親的紀錄片【多桑的代辦事項 Ending Note，日文片名：「エンディング　ノート」】，放映後在日本與台灣引起廣大的回響；導演父親砂田知昭 67 歲退休，原本規劃要好好開始享受退休人生，哪知道沒多久就發現已是胃癌末期。砂田先生為了不讓自己與家人有所遺憾，在電腦上，將生前要做的待辦事項逐一記錄在「臨終筆記」上，而且一項項地把它完成。

我們常常聽人說，明天和意外，我們永遠不知道哪一個會先到來。人生第一次感到人生無常的時刻，就是 1999.9.21 發生在集集的大地震；許多人是在睡夢中與家人再見。台灣 921、日本 1995 年的阪神地震、2011 年的海嘯是天災，2001 年美國的 911 則是人禍。不管是天災還是人禍，都造成很多人突然離去，在未預先交代的狀況下，留給後人許多傷痛與遺憾。

在研讀日本老年規劃相關報章雜誌時，總會有意無意看到【終活】這個字眼。深入研究才發現，2009 年《週刊朝日》發行葬禮特刊，首先出現

「終活」一詞，指走向人生終點的準備活動。2010 年「終活」入圍「流行語大賞」。近十年來，終活儼然成為一門新的顯學，日本民間與官方大力推廣此一觀念。

為什麼【終活】的概念近十年來在日本蓬勃發展呢？其實從 1990 年代開始，由於產業結構自動化與都市化的趨勢下，日本在家庭結構、鄰里關係產生重大的改變。日本社會逐漸朝向【小家庭】【人口老化】【不婚】【少子化】前進，老年人獨居也漸漸多了起來。過去靠家人同住與鄰里互相幫忙已成過去式。因為身邊可幫忙的人變少，有越來越多的人，趁著頭腦筋清楚身心健全時，自己規劃生前與生後相關事項。

日本面臨的這些人口社會問題，台灣的情況又是如何呢？台灣在 2018 年轉為高齡社會，推估將於 2025 年邁入超高齡社會 (65 歲以上人口超過 20%)。根據國發會公布的「未來人口推估」結果，未來人口變遷趨勢包含人口開始負成長、勞動力將面臨不足、少子化、人口老化等情形。

相對日本長者藉由積極參與【終活】相關活動、講座與博覽會；談論【死亡】這在一般人或家庭聚會中，似乎還是一個充滿禁忌的話題。其實每個人不論身分地位，一定都會經歷【生、老、病、死】這四個人生必經路程，及早規畫準備，可以減少事後許多麻煩。

規劃終活的意義不僅只是【生前整理】【葬儀準備】而已，還包括如何積極度過、安排人生旅程最終的日子。

【自己的餘生如果不好好規劃，往生後家人會很困擾的。】By 砂田知昭

日本人大多在此信念下，藉由書寫【終活筆記本 Ending Note】，一方面做人生的回顧整理，另一方面交代生前生後事，來減輕遺憾與避免造成家人的困擾與負擔。終活筆記本的內容有那些呢？其實可歸納兩個重點：

1. 減少家人困擾的必須資訊

2. 給家人的訊息和個人紀錄

終活筆記本沒有固定的格式與內容，可以包括個人一生的回顧、親友資料與想說的話、重大醫療決定、失能的照護與監護權、財產的明細與遺囑撰寫、身後事的願望與交代等。當家人看到瞭解了自己的想法，能夠比較心安處理長輩的大小事。

書寫終活筆記本不需有太大的壓力，可按照自己的喜好與心情來撰寫；這裡有幾項書寫時的提醒事項：

■沒有時間限制，什麼時候想寫、寫多少，自己決定。

■不需按照順序，從您最喜歡的部分開始寫作。

■不用每一頁全寫，您可以選擇您認為需要的部分來寫。

■書寫的東西都可以再修改，可以標明更新日期。

■建議您定期翻閱，並根據情況進行修正。

■如果篇幅不夠，請自行複製添加。

■請隨意使用它，例如粘貼您喜歡的照片或夾入資料。

■您可以與家人一同書寫。

■不想被親人以外的人看到，可以放在較隱密的地方。

終活筆記本寫的內容是不具法律效力。關於安養、緊急醫療決定、

財產處理與遺產分配等重大事項，還是要簽署與諮詢相關專業人員協助，才能實現自己的想法。

本書能夠順利出版，首先我要感謝我 91 歲的丈人；在他失能住進安養中心後，我想把他艱苦不平凡的一生記錄下來；因此他成為本書第一個讀者，而且認真地留下一些給兒女要知道與交代處理的重要事項。再來要謝謝我的愛妻如杏，她從一開使知道我有這個想法後，一直不厭其煩的督促我要加緊腳步完成此書的撰寫。最後要感謝布克出版的俊國總編，在我第一次向他提出這本書的構想時，他當場跟我説，出這本書是讓我們有機會，一起來做件對社會有意義、有價值的事。

最後容我引用郭慧娟女士（內政部「現代國民喪禮」編撰委員、殯喪業「禮儀師證照考試」教科書編撰，和「台灣殯喪業資訊網」的總編輯）曾經説過的一段話與讀者共勉。「走向死亡的這段路，是我們最後能為自己做決定的時候，該怎麼走、想怎麼走，這是我們最後的尊嚴，也是對親人最後的尊重。」

希望我自己與讀者都能透過本書，在離開的時候，能夠不留遺憾，好好去跟親愛的家人道謝、道歉、道愛、道別。

目錄

重要決定速查表

我的生命故事與終活筆記本

　　＊為了我自己和我所愛的人，記錄我個人經歷與迄今為止走過的路，未來想告訴與分享給家人的訊息

　　＊何時開始寫作或何時添加都無關緊要。您不必填寫所有內容。所寫的內容也都可以隨時隨意更改它。

＿＿＿＿＿＿＿＿＿＿＿＿ 著

西元 20＿＿ 年 ＿＿ 月 ＿＿ 日 版本

第一章

關於我

❖ 我的基本資料

名字	中文	外文
小名 / 別名 / 綽號		
生日	國曆	陰曆
過往住家（1）		
過往住家（2）		
過往住家（3）		
過往住家（4）		
現在住家（5）		

戶籍地		
血型： 型	生肖：	星座：
電話	家用	行動
常用電子郵件		
公司名稱		電話分機：
身分證字號		存放地：
健保卡號碼		存放地：
身心障礙卡		存放地：
敬老卡		存放地：
緊急聯絡人 1	姓名：	電話：
緊急聯絡人 2	姓名：	電話：
緊急聯絡人 3	姓名：	電話：
其他		
其他		
其他		
其他		

❖ 出生紀錄

出生地	
出生醫院 / 在家	
接生醫師 / 產婆	
出生時間	
出生身高體重	
名字由來	

❤ 紀念照片

❖ 關於我的求學經歷

求學階段	名稱/系所	起訖期間
托兒所 / 幼兒園		
小學		
國中		
高中職		
專科 / 大學		

研究所（碩士）		
研究所（博士）		
研究所（博士後）		
碩博士論文題目	碩士：	
	博士：	

❖ 幼兒園記錄

幼兒園老師	
幼兒園同學	
懷念 / 有趣的事	

● 紀念照片（學校、同學、活動）

PHOTO

❖ 小學記錄

一年級級任老師	
二年級級任老師	
三年級級任老師	
四年級級任老師	
五年級級任老師	
六年級級任老師	
懷念的科任老師	
要好的同學	
光榮 / 有趣事蹟	
畢業得獎	

❤ 紀念照片（學校、同學、活動）

PHOTO

❖ 國中記錄

一年級級任老師	
二年級級任老師	
三年級級任老師	
懷念的科任老師	
要好的同學	
參加社團	
光榮／有趣事蹟	
畢業得獎	

❤ 紀念照片（學校、同學、活動）

PHOTO

❖ 高中職記錄

一年級級任老師	
二年級級任老師	
三年級級任老師	
懷念的科任老師	
要好的同學	
參加社團	
光榮 / 有趣事蹟	
畢業得獎	

❤ 紀念照片（學校、同學、活動）

PHOTO

❖ 專科 / 大學記錄

懷念的科任老師	
懷念的科任老師	
懷念的科任老師	
懷念的科任老師	
要好的同學	
參加社團	
光榮 / 有趣事蹟	
畢業得獎	

❤ 紀念照片（學校、同學、活動）

PHOTO

❖ 研究所（碩、博士）記錄

論文指導老師	
懷念的科任老師	
懷念的科任老師	
懷念的科任老師	
要好的同學	
參加社團	
光榮／有趣事蹟	
畢業得獎	

♥ 紀念照片（學校、同學、活動）

PHOTO

❖ 關於我的服兵役紀錄

軍種	軍銜	起訖時間
梯次		
駐地		
懷念的同袍		
懷念的長官		
懷念的甘苦故事		

❤ 紀念照片

PHOTO

❖ 關於我職涯 / 創業紀錄

工作 / 創業經歷	公司/職稱	起訖時間

❤ 紀念照片（公司、同仁、活動）

PHOTO

❖ 職場記錄

懷念的主管	
懷念的同仁	
懷念的部屬	
懷念的配合廠商	
光榮／有趣事蹟	

❤ 紀念照片

PHOTO

❖ 我的退休後歷程

社團/志工單位/顧問/社大	職稱	時間

❤ 紀念照片

❖ **關於我的證照、獲獎紀錄**

內容	時間

❤ 紀念照片

PHOTO

❖ 我喜歡的東西

興趣愛好	
技能	
喜歡的書	
喜歡的音樂	
喜歡的藝術	
喜歡的電影	
喜歡的運動	
喜歡的地方與城市	
喜歡的花	
喜歡的顏色	
喜歡的食物	

❖ 人生的信念

座右銘 / 格言	
尊敬的人、 影響我最大的人	
人生的恩人 / 貴人	
其他事項	

❖ 大事簡表

年	年齡	重要/特殊/值得紀念事項
年	0 歲	誕生
年	歲	
年	歲	
年	歲	
年	歲	
年	歲	
年	歲	
年	歲	
年	歲	
年	歲	
年	歲	
年	歲	
年	歲	
年	歲	
年	歲	
年	歲	
年	歲	
年	歲	

年	歲	
年	歲	
年	歲	
年	歲	
年	歲	
年	歲	
年	歲	

❤ 特殊、值得紀念照片

第二章

我的家人

想對家人
說的話、做的事
及時的道謝、
道歉、道愛

❖ 我的父親

父親的名字		籍貫 / 出生地	
父親生日	陽曆	陰曆	
父親忌日		享壽 歲	
父親的墓地 骨灰放置處			
父親的生平			
對父親的回憶			
感謝父親的話			

❤ 懷念照片

PHOTO

❖ 我的母親

母親的名字		籍貫 / 出生地	
母親生日	陽曆	陰曆	
母親忌日		享壽　　　歲	
母親的墓地 骨灰放置處			
母親的生平			
對母親的回憶			
感謝母親的話			

❤ 懷念照片

PHOTO

❖ 我的祖父

祖父的名字		籍貫 / 出生地	
祖父生日	陽曆	陰曆	
祖父忌日		享壽　　　　歲	
祖父的墓地 骨灰放置處			
祖父的生平			
對祖父的回憶			
感謝祖父的話			

❤ 懷念照片

PHOTO

❖ 我的祖母

祖母的名字		籍貫／出生地	
祖母生日	陽曆	陰曆	
祖母忌日		享壽　　　歲	
祖母的墓地 骨灰放置處			
祖母的生平			
對祖母的回憶			
感謝祖母的話			

❤ 懷念照片

PHOTO

❖ 我的外祖父

外祖父的名字		籍貫 / 出生地	
外祖父生日	陽曆	陰曆	
外祖父忌日		享壽　　　　歲	
外祖父的墓地 骨灰放置處			
外祖父的生平			
對外祖父的回憶			
感謝外祖父的話			

❤ 懷念照片

PHOTO

❖ 我的外祖母

外祖母的名字		籍貫 / 出生地	
外祖母生日	陽曆	陰曆	
外祖母忌日		享壽　　　　歲	
外祖母的墓地 骨灰放置處			
外祖母的生平			
對外祖母的回憶			
感謝外祖母的話			

❤ 懷念照片

PHOTO

❖ **我的兄弟姊妹**

名字	生日	忌日

❤ **懷念照片**

PHOTO

❖ 我的伴侶

姓名		籍貫 / 出生地
生日	陽曆	陰曆
初次相遇時間 / 原因 / 地點		
約會第一印象		
性格		
求婚時間 / 地點		
求婚說的話		
求婚有趣的事		

❤ 懷念照片

PHOTO

❖ 訂婚紀錄

時間	
地點	
媒人	
宴客地點	
趣事	

❤ 紀念照片

PHOTO

❖ 結婚紀錄

時間	
結婚地點	
宴客地點	
伴郎 / 伴娘	
花童	
趣事	

❤ 紀念照片

PHOTO

❖ 蜜月旅行

時間	
地點	
趣事	

❤ 紀念照片

❖ 跟先生 / 太太 / 親密愛人的紀念照片

PHOTO

❖ 我的子女

名字（小名）	生日	名字由來/故事

❤ 懷念照片

PHOTO

❖ 我的孫子女

名字（小名）	生日	名字由來/故事

❤ 懷念照片

❖ 家族紀念照片

PHOTO

❖ 我的至親好友們

名字（小名、外號）	生日	關係

❤ 親友紀念照片

PHOTO

❖ 我的寵物

名字：

種類：

回憶：

照片

名字：

種類：

回憶：

照片

名字：

種類：

回憶：

照片

❖ 家譜

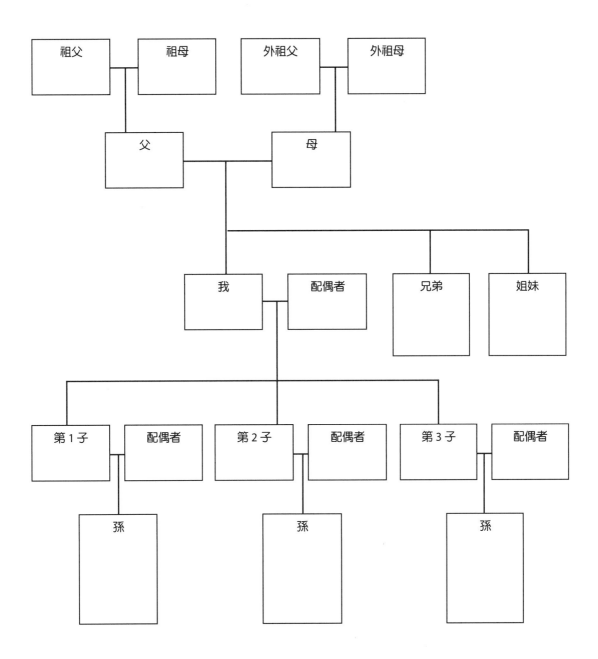

❖ 想對家人 / 朋友說的話

To：

留言：

To：

留言：

To：

留言：

To：

留言

第三章

醫療 / 長期照顧

 疾病或事故導致失能或失智
預先規劃不慌張

❖ 生命終點時我的重要決定

重病醫師訊息告知	☐ 據實以告 ☐ 告知病名 ☐ 告知餘命 ☐ 完全不告知 ☐ 交由親人判斷決定
希望臨終場所	☐ 自宅 ☐ 醫療院所 ☐ 安養機構
臨終安寧照護	☐ 希望 ☐ 不希望
臨終希望見的人 臨終要通知的人	

預立醫療決定書 （參考附件）	□已簽署 □未簽署
延命 / 維生措施	□盡一切可能維持生命 □不希望插管或不必要醫療措施 □其它
器官捐贈	□同意提供有用器官 □不同意
大體捐贈	□同意 □不同意
其他重要事項	

https://www.hospice.org.tw/acp 安寧照顧基金會 預立醫療決定練習

❖ 病人自主權利法

病人自主權利法，108/1/6 幸福上路

❤ 二等親

二等親請參照民法規範，需至少一位一起參與「預立醫療照護諮商」。

❤ 也可指定「醫療委任代理人」

當意識昏迷或無法清楚表達意願時，代理人可表達我的醫療意願。

❤ 預立醫療照護諮商

二等親至少一位、醫療委任代理人（若有指定）一起到醫院討論《病人自主權利法》賦予我什麼權利。

❤ 預立醫療決定

意識清楚時事先簽署，當五種臨床條件發生時，請大家尊重我的決定。

❤ 五種臨床條件

末期病人、不可逆轉昏迷、永久植物人、極重度失智、政府公告的重症疾病。

❖ 就醫基本資料與注意事項

身高		公分	體重		公斤

■證件		
健保卡	放置地點	
身心障礙卡	放置地點	

■治療時需要注意的事項清單	
血型	☐ A ☐ B ☐ O ☐ AB 特殊血型 _____
過敏	☐ 是 _____ ☐ 無
慢性病	☐ 是 _____ ☐ 無
病名／藥品	☐ 是 ☐ 無 1. ☐ 高血壓 2. ☐ 糖尿病 3. ☐ 心臟病 4. ☐ 痛風 5. ☐ 腦血管病變 6. ☐ 其他
緊急聯絡人	1. 姓名： 關係： 電話： 2. 姓名： 關係： 電話：

習慣醫院 / 醫生 / 牙科

■以防萬一，讓我們在這裡寫下您常去的醫療機構與看診醫生。

醫院名稱		科別	
負責醫生姓名			

醫院名稱		科別	
負責醫生姓名			

醫院名稱		科別	
負責醫生姓名			

醫院名稱		科別	
負責醫生姓名			

醫院名稱		科別	
負責醫生姓名			

關於牙科診所		科別	
負責醫生姓名			

重大傷病記錄

■記下您的重大疾病 / 手術 / 受傷 / 慢性病

■既往重大病史

病名	發病日期	癒合日期	醫院名稱	負責醫生姓名

■重大手術 / 受傷 / 意外經歷

病名/受傷	手術日期	醫院名稱	負責醫生姓名	備註

■慢性病 / 目前正在治療的疾病（關節炎、哮喘、癌症、慢性阻
 塞性肺病、糖尿病、C 型肝炎等疾病）

病名	確診日期	醫院名稱	負責醫生姓名

■關於過敏體質

過敏	□是　　　　　□否
類型 / 內容	

■關於過敏體質

麻醉過敏	□是　　　　　□否
症狀	□皮疹 □水腫 □呼吸困難 □休克 □其他 _____

■關於藥物過敏	
藥物過敏	□是　　　　□否
內容	□ 顯影劑 □ 麻醉藥 □ 降尿酸藥 □ 非類固醇消炎止痛藥 □ 其他 _____

需要長期照護 / 護理時

■關於長期照護 / 護理	
需要長期照護 / 護理時 主要委託誰來決定處理	姓名： □ 配偶 □ 兒子 □ 女兒 □ 其他親屬 □ 其他（　　　　　　　　　）
您希望得到照顧的地方	□ 自己家 □ 兒子家 □ 女兒家 □ 醫院護理機構（　　　　　　　　　　） □ 公私立養護機構（　　　　　　　　　） □ 其他（　　　　　　　　）

長期照護 / 護理費用來源

■國家長期照護制度已經建立，但現實還是不足夠，最好能未雨綢繆。

■為長期護理費用做準備	
資金來源	☐ 存款儲蓄 ☐ 股票 / 債券 ☐ 年金 / 退休金 ☐ 長照保險 ☐ 不動產租金 ☐ 兒女 / 親人 ☐ 以房養老 ☐ 政府補助 ☐ 沒有 ☐ 其它 _____
居家主要照顧者	☐ 配偶 ☐ 兒子 _____ ☐ 女兒 _____ ☐ 本國籍居家照服員 / 看護 ☐ 外籍看護 ☐ 其它 _____

將來可能罹患阿茲海默 / 巴金森氏症時的指定監護人 (意定監護)

■當我進入病情中後期，無法理性判斷事物前，我可以預先指定監護人，處理日後生活、護養療治、財產管理事務。		
意定監護人 （1 人或數人）	□ 配偶 □ 孩子 □ 四等親親屬 □ 指定意定監護人	
監護人一	全名	
	地址	
	電話號碼	
	電子郵件地址	
監護人二	全名	
	地址	
	電話號碼	
	電子郵件地址	

約定監護內容	□ 請外勞照顧、就診、住院、長照、安養安排
	□ 長照保險理賠申請、利用
	□ 存款的管理與利用
	□ 不動產必要時須處理與處分
	□ 辦理繼承手續
	□ 稅務申辦處理
	□ 必要的訴訟手續處理
	□ 生活必需品與費用購買與支付
	□ 其它 _____

https://www.moj.gov.tw/Public/Files/201911/6711911131533e482c.pdf

意定監護契約參考範本

第四章

往生規劃 / 葬禮

為葬禮預做準備，
我的事自己決定。

關於後事的重要決定

■你有沒有想過自己的後事要如何處理？把「葬禮」想成是追尋你最後一個旅程的方式。

■寫下您的葬禮準備工作。		
主要處理後事的人	姓名	
	地址	
	電話號碼	
主要處理後事的人	姓名	
	地址	
	電話號碼	
葬儀社	□有　　　□沒有 名字 _____	
告別式	□舉辦　□不舉辦	
告別式宗教形式	□佛教　□道教　□基督教　□天主教　□伊斯蘭教 其他 _____	
告別式地點	□家裡　□殯儀館　□教堂 其他 _____	
告別式種類	□家祭　□公祭 其他 _____	

喪禮致詞人選	姓名 ＿＿＿＿＿＿＿ 連絡電話： 姓名 ＿＿＿＿＿＿＿ 連絡電話： 姓名 ＿＿＿＿＿＿＿ 連絡電話：
埋葬方式	□土葬　□靈骨塔　□樹葬　□其他 地點：＿＿＿＿＿＿＿＿＿＿＿＿＿
其他希望事項	
生前契約或保險	□無 □有
公司名稱	
業務姓名	
聯繫方式	電話號碼
生前契約 或保險內容	
文件存放位置	

會場布置鮮花

■如果您對鮮花的種類與設計有什麼願望，請寫下來。

■鮮花節丹花與色彩	
最喜歡的花	□菊花 □水仙　□桔梗 □蘭花　□玫瑰　□百合　□薰衣草 □康乃馨　□向日葵 □其他（　　　　　　　　　　　）
最喜歡的顏色	□白花（玫瑰和百合） □紅色和粉色都可以用 □其他（　　　　　　　　　　　）
設計	如果您有設計圖片或示例圖片，請將其放在這裡。

現場音樂與其他要求

■葬禮似乎越來越多的人想用音樂送別。

形式	□音樂播放　現場樂器演奏	
歌曲名稱	歌名1	
	歌名2	
	歌名3	
	歌名4	
	歌名5	
	歌名6	
	歌名7	
影片或文字訊息 （給親友的話）	□有　□無	
	存放位置	
其他葬禮要求 （棺木、衣著、陪 葬品、回禮、請參 加親人用餐等……）		

喪葬費安排

■喪葬費來源

喪葬費	
	□您名下有存款和儲蓄用於支付喪葬費用
	□有喪葬保險（小額短期保險）
	□社會保險喪葬給付（勞保、公保、軍保等）
	□家人
	□其他

訃聞通告

■寫下將參加告別儀式和葬禮的人數，以及陪同遺屬到火葬場參加骨灰儀式的人數。

■訃聞發送		
訃聞發送範圍	□家人	
	□親屬	
	□朋友	
	□鄰居	
	□同事	
	□來往合作廠商	
	□社團	
	□其他	
總人數		人

■家族通訊錄

全名	關係	地址	電話（Line）

■親戚通訊錄

全名	關係	地址	電話（Line）

■朋友同學通訊錄

全名	關係	地址	電話（Line）

■鄰里通訊錄			
全名	關係	地址	電話（Line）

■同事通訊錄

全名	關係	地址	電話（Line）

■合作往來廠商通訊錄			
全名	關係	地址	電話（Line）

■社團朋友通訊錄			
全名	關係	地址	電話（Line）

遺照

遺照的準備	□有　□無
存儲位置	
最喜歡的照片	如果你有喜歡照片，把它放在這裡。

❤ 懷念照片

PHOTO

第五章

遺囑

關於遺囑

■如果您寫了遺囑，請在此處註明。請注意，遺囑是一種正式的行為，必須按照民法的法律撰寫才能生效。

■關於遺囑	
遺照	□有　□無
格式	□「自書遺囑」　□「公證遺囑」 □「密封遺囑」　□「代筆遺囑」　□「口授遺囑」
存儲位置	
遺囑保管人	
往生後可觀看者	

自書遺囑注意事項

※ 自書遺囑的要件有四：1. 自書遺囑全文，必須親自撰寫，不可有人代筆或打字。2. 寫上遺囑的年月日。3. 親自簽名。4. 立遺囑人需年滿 16 歲。

※ 立遺囑時不侵害法定繼承人的特留分。

※ 內容若有修改、增刪、塗改時，需親自簽名。

※ 遺贈人、受遺贈人或繼承人捐贈各級政府及公立教育、文化、公益、慈善機關之財產，不計入遺產總額（即免課稅）。（遺產及贈與稅法第十六條）

※ 指定受益人所取得之保險金，不計入遺產總額。故遺囑人生前可以投保壽險作為遺產節稅之規劃。

※ 最好能指定遺囑執行人

※ 將各項財產的分割或共有方式名列清楚

自書遺囑範例一

　　立遺囑人甲（以下簡稱本人），生於民國＊年＊月＊日，身分證字號：＊；為妥善生前處理財產，特由本人立遺囑內容如下：

　　一、　　　本人希望百年後，眾子女可以奉養母親到終老，手足互相扶助，並依本遺囑之規定分配遺產，不負本人的期望。

　　二、　　　財產遺贈部分：

　　（一）門牌號碼○○縣／市○○市／區○○路／街○○號○○樓建物、停車位及基地持分。

　　遺贈予社團法人台灣失智症協會。

　　（二）本人遺產的一百萬遺贈予○○○。

　　四、不動產部分：

　　（一）以下不動產由本人配偶○○○〈民國○○年○月○日生，台北市人，身分證字號○○○〉繼承：

　　1.門牌號碼○○縣／市○○市／區○○路／街○○號○○樓建物、停車位及基地持分。

　　2.座落○○縣／市○○市／區○段○小段○地號，面積○○平方公尺，權利範圍○○

　　之土地。

　　（二）以下不動產由長子○○○〈民國○○年○月○日生，台北市人，身分證字號○○○〉繼承：

　　1.門牌號碼○○縣／市○○市／區○○路／街○○號○○樓建物、停車位及基地持分。

　　2.座落○○縣／市○○市／區○段○小段○地號，面積○○平方公尺，權利範圍○○

　　之土地。

　　3.汽車壹輛，牌照號碼○○○○。

　　（三）以下不動產由長女○○○〈民國○○年○月○日生，台北市人，身分證字號○○○〉繼承：

1. 門牌號碼〇〇縣／市〇〇市／區〇〇路／街〇〇號〇〇樓建物、停車位及基地持分。

2. 座落〇〇縣／市〇〇市／區〇段〇小段〇地號，面積〇〇平方公尺，權利範圍〇〇

之土地。

五、動產部分：

（一）本人往來銀行〇〇銀行、〇〇銀行之本息及其餘動產。於扣除一切遺贈、稅捐、

喪葬和規費後，全由繼承人平均繼承。

（二）本人的剩餘未領的勞保老年給付，同前項辦理。

（三）本人持有的股票、有價證券，同本條第一項辦理。

六、保險部分：本人向〇〇人壽保險公司、〇〇人壽保險公司投保之壽險，業已指定配偶〇〇〇為受益人，與其他繼承人無關。

七、本人之其他財產，於扣除一切稅捐及費用後，如有剩餘，由全體繼承人按應繼分繼承。

八、本人指定律師〇〇〇（身分證字號＊＊）為本遺囑之遺囑執行人，繼承人不得有異議。

九、本遺囑一式 4 份，由遺囑人保管一份，1 份由遺囑執行人保管，並據以辦理繼承登記相關事項，另 2 份供辦理認證之用。

立遺囑人：甲（簽名）

身分證字號：

中　華　民　國 1　年　　月　　日

遺囑產生 App

如果對寫遺囑有疑問，民眾可使用免費下載律師劉韋德研發的 App「777 遺囑產生器」，逐步完成遺囑內容，並可在第三單元學習如何製作實體遺囑，完成後即具有法律效力。而這個 App 是無償提供民眾使用的。

777 遺囑產生器使用流程：包含 3 個單元

第一單元／基本資料。民眾須先輸入立遺囑人及繼承人的姓名立遺囑日期等等，以方便後續系統操作，接下來是進入遺囑內容選定，在遺囑產生器裡面，已經事先整理出 13 種實務上常見的遺囑單元，民眾可以從這些單元中，量身訂做選擇他所需要的單元，並且編輯順序，確認後就可以開始進入編輯程序。

第二單元／編輯區。可以一步步依據系統的指示輸入操作，在比較複雜的部分，都會有說明，甚至是舉例，使用者可以很輕易的完成編輯。

第三單元／遺囑實作。在前面兩單元完成遺囑內容後，在第三單元使用者就可以先預覽遺囑全文，若內容需要再修正，可以回到第二單元再編輯，若確認內容 OK 後，使用者就可將遺囑儲存在手機上或是雲端後再輸出列印，使用者可以依據自己選定的遺囑方式，觀看系統的說明，就可以製作實體遺囑。

777 遺囑網站

https://sites.google.com/view/lawyerliu

自書遺囑專用版連結

https://drive.google.com/file/d/16tLqjTSNCoXkR6EW2Dyx_kJuHoNof_eJ/view

免費下載

777遺囑產生器

iOS版本

iPad版本

Android版本

紀念物品處理

■讓某人繼續使用您可以使用或當紀念的遺物。

商品		存儲位置	
遺贈人		聯繫地址	
連絡電話			
商品		存儲位置	
遺贈人		聯繫地址	
連絡電話			
商品		存儲位置	
遺贈人		聯繫地址	
連絡電話			
商品		存儲位置	
遺贈人		聯繫地址	
連絡電話			
商品		存儲位置	
遺贈人		聯繫地址	
連絡電話			

第六章

財產

預先善加規劃、
遺愛人間

那些財產算 遺產 vs 非遺產

適用法條: 遺產及贈與稅法第 4 條

本法稱財產,指動產、不動產及其他一切有財產價值之權利。 適用法條: 民法第 66 條及第 67 條

66 條: 稱不動產者,謂土地及其著物。(如: 土地、建物)

67 條: 稱動產者,為前條所稱不動產以外之物。(如: 現金、古董、車輛等)有財產價值之權利: 如專利權、債權、存款、土地他項權利。

左列各款不計入遺產總額: 遺產及贈與稅法第 16 條

一、遺贈人、受遺贈人或繼承人捐贈各級政府及公立教育、文化、公益、慈善機關之財產。

二、遺贈人、受遺贈人或繼承人捐贈公有事業機構或全部公股之公營事業之財產。

三、遺贈人、受遺贈人或繼承人捐贈於被繼承人死亡時,已依法登記設立為財團法人組織且符合行政院規定標準之教育、文化、公益、慈善、宗教團體及祭祀公業之財產。

四、遺產中有關文化、歷史、美術之圖書、物品,經繼承人向主管稽徵機關聲明登記者。但繼承人將此項圖書、物品轉讓時,仍須自動申報補稅。

五、被繼承人自己創作之著作權、發明專利權及藝術品。

六、被繼承人日常生活必需之器具及用品,其總價值在七十二萬元以下部分。

七、被繼承人職業上之工具，其總價值在四十萬元以下部分。

八、依法禁止或限制採伐之森林。但解禁後仍須自動申報補稅。

九、約定於被繼承人死亡時，給付其所指定受益人之人壽保險金額、軍、公教人員、勞工或農民保險之保險金額及互助金。

十、被繼承人死亡前五年內，繼承之財產已納遺產稅者。

十一、被繼承人配偶及子女之原有財產或特有財產，經辦理登記或確有證明者。

十二、被繼承人遺產中經政府闢為公眾通行道路之土地或其他無償供公眾通行之道路土地，經主管機關證明者。但其屬建造房屋應保留之法定空地部分，仍應計入遺產總額。

十三、被繼承人之債權及其他請求權不能收取或行使確有證明者。

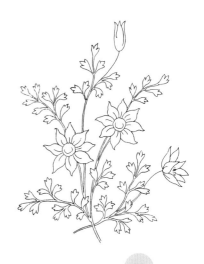

不動產

型態	□土地 □房屋□商辦□田地□其他 _____
所在地	
持有人	
用途	□自住□租賃□停車場□其他 _____
備註	

型態	□土地 □房屋□商辦□田地□其他 _____
所在地	
持有人	
用途	□自住□租賃□停車場□其他 _____
備註	

型態	□土地 □房屋□商辦□田地□其他 _____
所在地	
持有人	
用途	□自住□租賃□停車場□其他 _____
備註	

銀行存款儲蓄

金融機構名稱 / 分行名稱	
帳戶類型（定存 / 活存）	
帳號	
戶名	
存摺、印章和卡片的存放位置	

金融機構名稱 / 分行名稱	
帳戶類型（定存 / 活存）	
帳號	
戶名	
存摺、印章和卡片的存放位置	

金融機構名稱 / 分行名稱	
帳戶類型（定存 / 活存）	
帳號	
戶名	
存摺、印章和卡片的存放位置	

人壽保險

保單 1

保險公司名稱			
保險種類	□定期　　□終身　　□儲蓄險　　□其他		
保單名稱			
保單號碼			
要保人			
被保險人			
受益人			
合約到期日		保險費支付方式	
每月支付金額		付款結束日期	
保險單等的存放地點			

人壽保險

保單 2

保險公司名稱			
保險種類	□定期　□終身　□儲蓄險　□其他		
保單名稱			
保單號碼			
要保人			
被保險人			
受益人			
合約到期日		保險費支付方式	
每月支付金額		付款結束日期	
保險單等的存放地點			

保單 3

保險公司名稱			
保險種類	□定期　□終身　□儲蓄險　□其他		
保單名稱			
保單號碼			
要保人			
被保險人			
受益人			
合約到期日		保險費支付方式	
每月支付金額		付款結束日期	
保險單等的存放地點			

有價證卷（股票、債卷等）

證卷公司	分店	交易銀行與帳號

年金給付

年金保險名稱	□勞保年金
	□公保
	□農保
	□漁保
	□其他

其他財產

■如果您有其他具有財產價值的物品，例如汽車、藝術品、貴金屬或權利收入，請在此處寫下。

■財產價值的東西	
汽機車	
藝術品	
貴金屬	
版權 / 權利收入	
其他 （會員、球證等）	

貸款 / 負債

■如果您有貸款，請在此處寫下。

■房貸 / 信貸		
借款金額		
債務餘額		截止日期
貸款銀行		
結算帳戶		
支付日期		
備註		

■房貸 / 信貸		
借款金額		
債務餘額		截止日期
貸款銀行		
結算帳戶		
支付日期		
備註		

關於其他貸款（汽車、教育貸款等）

■其他貸款		
貸款類型		
借款金額		
債務餘額		截止日期
貸款銀行		
結算帳戶		
支付日期		
備註		

財產總數

資產		負債	
存款和儲蓄		房貸	
股票		車貸	
房屋		教育貸款	
土地		其他	
其他財產			
小計		小計	
合計			

信用卡和保險箱

信用卡	
銀行	
卡號	
到期日期	
有無年費	

信用卡	
銀行	
卡號	
到期日期	
有無年費	

信用卡	
銀行	
卡號	
到期日期	
有無年費	

保險箱	
銀行	
分行	

保險箱	
銀行	
分行	

保險箱	
銀行	
分行	

寵物

■寵物狗、家貓、魚、鳥等。		
委託寵物的人	姓名	
	電話號碼	
寵物類型		
暱稱		
備註		

■寵物狗、家貓、魚、鳥等。		
委託寵物的人	姓名	
	電話號碼	
寵物類型		
暱稱		
備註		

遺產項目自我檢查表——國稅局

		◎為幫助您正確申報遺產價值，請逐項閱讀後勾選，以維權益。 ◎審視後正本連同申報書送稽徵機關，另影印自存，以便複核時，可對照聯絡。					
序號	種類	被繼承人		身分證統一編號		不論可否適用，均請逐項檢視勾選	有	無
		遺產項目及價值說明						
1	土地	地目為田、旱、雜且繼續農作者，請即向土地所在地公所申請農業用地作農業使用證明書，可全額扣除；以免日後無法證明死亡當時即有農作事實，而不得扣除。						
2		土地登記謄本所有權部之其他登記事項欄記載有三七五租約者，其遺產價值按土地公告現值×2/3。						
3		公共設施保留地：申請都市發展局或公所核發土地使用分區證明書，可全額扣除。						
4	房屋	房屋評定標準價格之年期別應與被繼承人死亡時同期，須附房屋稅單。						
5		房屋等財產出租，其押金可列為未償債務扣除；如有應收未收租金，應列報為債權。						
6	存款	依死亡前2年之綜合所得稅資料，向利息所得來源之銀行，查詢之各類存款（包含新台幣及外幣之定期存款、活期存款、活期儲蓄存款、支票存款、綜合存款…等），如有承作債券（如附買回債券）、國內外基金或信託財產等，更應注意查詢，以免漏報。						
7		郵局存款：請補刷存摺以確認死亡日餘額，並洽存款郵局查詢有無定存。						
8	投資	上市櫃或興櫃股票：向臺灣集中保管結算所股份有限公司（簡稱集保公司）或開戶買賣之證券公司查詢死亡日之餘額（務必補刷集保存摺，檢查有無現券領回紀錄）。						
9		依死亡前2年之綜合所得資料，向其營利所得來源之被投資公司查詢死亡日之持股餘額，以免漏報自集保領回之現股，造成過戶上之困擾。						
10		未上市公司股票股份：應向被投資公司查詢死亡日之持股餘額證明及死亡日或上、下兩年度該公司之資產負債表，以死亡當日（股東權益÷發行股數或實收資本）或比例換算至當日，計算出每股淨值，申報財產價額。						
11		債券：可向存款銀行或開戶證券商查詢死亡日之投資額，依債券面額申報遺產價額，如有應領利息，應一併列入遺產申報。						
12		基金：依投資信託公司出具持股餘額證明及死亡日單位淨值，申報遺產價額。						
13		信託財產：按其未領受信託利益，列入遺產申報。						

14		死亡前 2 年贈與配偶及二親等內親屬之財產，應列報為遺產，但其已繳納之贈與稅額可自遺產稅額中扣抵。		
15		死亡前 5 年內繼承已繳納遺產稅之財產，附前次繼承之遺產稅繳清證明書者，可列為不計入遺產總額項下。		
16		死亡前 6 至 9 年內繼承已繳納遺產稅之財產，附前次繼承之遺產稅繳清證明書者，按比率扣除遺產價額（80%、60%、40%、20%）。		
17	其他	人壽保險金之給付：不能判斷是否屬免徵遺產稅者，可揭露暫時列報於不計入遺產總額項下，由國稅局查核後，依其法令之適用性予以調整。		
18		銀行貸款：應檢附死亡日之貸款帳戶之對帳單或餘額證明，可列報未償債務扣除。		
19		生存配偶婚後剩餘財產（資產減負債）小於被繼承人者，可主張扣除剩餘財產差額分配請求權，其相關書表，可至本局網站（www.ntbt.gov.tw/ 分稅導覽 / 遺產稅 / 下載園地）下載。		
20		生前應納未納稅捐：房屋稅、地價稅：按被繼承人生存日數比例計算；綜合所得稅：年度所得占全戶所得總額之比例計算，其可扣除金額。		
21		其他：		

財產種類

土地	縣　　鄉鎮　　段 小段 地 號 市　　市區	土地現況勾選						面積 (㎡)	（　）年度每平方 公尺公告現值	遺產 價額
		農地	公共設施保留地	違章佔用	設定地上權	375租約	其他	持分		

地上物	土地地號	種類	數量	直徑／年份	持分	遺產價額

建物	門牌號碼	稅籍編號	持分	遺產價額

	金融機構名稱	存款種類	帳號	遺產價額
存款				
	存款小計			

	名稱類別及所在地〔上市（櫃）、興櫃公司請註明股票代號，未上市（櫃）且非興櫃公司請註明公司統一編號〕	面額	單位時價	數量	遺產價額
投資					
	投資小計				

債權	債權標的或所在位置	債務人	權利憑證	遺產價額
債權小計				

111 年遺贈稅標準

財政部於 110 年 11 月 24 日公告 111 年發生之繼承或贈與案件適用遺產及贈與稅（下稱遺贈稅）法規定之免稅額、課稅級距金額、不計入遺產總額及各項扣除額之金額如下：

一、遺產稅

（一）免稅額：新臺幣（下同）1,333 萬元。

（二）課稅級距金額：

1、遺產淨額 5,000 萬元以下者，課徵 10%。

2、超過 5,000 萬元至 1 億元者，課徵 500 萬元，加超過 5,000 萬元部分之 15%。

3、超過 1 億元者，課徵 1,250 萬元，加超過 1 億元部分之 20%。

（三）不計入遺產總額之金額：

1、被繼承人日常生活必需之器具及用具：89 萬元以下部分。

2、被繼承人職業上之工具：50 萬元以下部分。

（四）扣除額：

1、配偶扣除額：493 萬元。

2、直系血親卑親屬扣除額：每人 50 萬元。其有未成年者，並得按其年齡距屆滿成年之年數，每年加扣 50 萬元。

3、父母扣除額：每人 123 萬元。

4、重度以上身心障礙特別扣除額：每人 618 萬元。

5、受被繼承人扶養之兄弟姊妹、祖父母扣除額：每人 50 萬元。兄弟姊妹中有未成年者，並得按其年齡距屆滿成年之年數，每年加扣 50 萬元。

6、喪葬費扣除額：123 萬元。

二、贈與稅

(一) 免稅額：每年 244 萬元。

(二) 課稅級距金額：

1、贈與淨額 2,500 萬元以下者，課徵 10%。

2、超過 2,500 萬元至 5,000 萬元者，課徵 250 萬元，加超過 2,500 萬元部分之 15%。

3、超過 5,000 萬元者，課徵 625 萬元，加超過 5,000 萬元部分之 20%。

上述公告金額適用於 111 年發生之繼承或贈與案件，公告內容可至該部賦稅署網站 (https://www.dot.gov.tw/)，點選「公開資訊 \ 法令規章 \ 賦稅法規 \ 行政規則 \ 遺產及贈與稅法相關法規 \111 年遺產稅及贈與稅免稅額、課稅級距金額、不計入遺產總額及扣除額之金額」項下查閱。相關細節可能逐年修正，請參照當下公告標準。

資料來源：

https://www.dot.gov.tw/singlehtml/ch26?cntId=4c40feb43876418f94ac0cb8dbe4ea86&fbclid=IwAR1DgBsfGCE1-6Z1ekKIAQqpwlJmp6kZYvasY8QNK3ocshY9sNfTlW18lSM

第七章

個人信息與帳戶

❖ 專業 / 設施服務聯繫 / 繳費方式

■讓我們把它寫下來，以方便連絡那些人。

律師	姓名 電話	
稅務會計師	姓名 電話	
代書	姓名 電話	
保險業務	姓名 電話	
證券公司業務	姓名 電話	
電力公司	繳費 方式	□自繳　□轉帳　□信用卡 轉帳或信用卡銀行或帳號 ＿＿＿＿＿＿＿＿
自來水公司	繳費 方式	□自繳　□轉帳　□信用卡 轉帳或信用卡銀行或帳號 ＿＿＿＿＿＿＿＿

瓦斯公司	繳費方式	□自繳　□轉帳　□信用卡 轉帳或信用卡銀行或帳號 ＿＿＿＿＿＿＿＿＿
第四台	繳費方式	□自繳　□轉帳　□信用卡 轉帳或信用卡銀行或帳號 ＿＿＿＿＿＿＿＿＿
網路公司	繳費方式	□自繳　□轉帳　□信用卡 轉帳或信用卡銀行或帳號 ＿＿＿＿＿＿＿＿＿
線上影片	繳費方式	□自繳　□轉帳　□信用卡 轉帳或信用卡銀行或帳號 ＿＿＿＿＿＿＿＿＿
市內電話	繳費方式	□自繳　□轉帳　□信用卡 轉帳或信用卡銀行或帳號 ＿＿＿＿＿＿＿＿＿
手機	繳費方式	□自繳　□轉帳　□信用卡 轉帳或信用卡銀行或帳號 ＿＿＿＿＿＿＿＿＿
保險費	繳費方式	□自繳　□轉帳　□信用卡 轉帳或信用卡銀行或帳號 ＿＿＿＿＿＿＿＿＿
其他	繳費方式	□自繳　□轉帳　□信用卡 轉帳或信用卡銀行或帳號 ＿＿＿＿＿＿＿＿＿
其他	繳費方式	□自繳　□轉帳　□信用卡 轉帳或信用卡銀行或帳號 ＿＿＿＿＿＿＿＿＿

各種 ID 與收藏

■輸入您的網頁、Blog、SNS 等的登錄 ID/ 密碼與收藏，以及如何處理。

種類	帳號/密碼	處理方式	處理人
手機			
電腦			
平板			
FB			
Line			
IG			
會員資格			
相片 / 幻燈片			
錄音帶 /CD			
DVD			
文件 / 書信			
磁碟 / 光碟 / 儲存工具			
收藏品			
其他			
其他			
其他			

第八章

代辦事項清單

你有沒有
生前想做，
不做會遺憾的事呢？
把它記錄下來，
想辦法完成吧！

❖ 電影【一路玩到掛】遺願清單

1. 看見真正雄偉的景色

2. 無私的幫助一位陌生人

3. 笑到哭為止

4. 開一輛 Shelby Mustang 跑車

5. 親吻世上最美的女子

6. 刺青

7. 高空跳傘

8. 拜訪英國巨石陣

9. 花一周待在羅浮宮

10. 遊玩羅馬

11. 在 La Cherie d'Or 餐廳用晚餐

12. 看金字塔

13. 重新聯絡瑞秋（先前為「獵獅子」）

14. 拜訪印度泰姬瑪哈陵

15. 遊玩香港

16. 遊玩非洲維多利亞瀑布

17. 遊玩非洲塞倫蓋提國家公園

18. 在萬里長城上騎乘機車

19. 坐在金字塔上

20. 找到你生命中的喜悅

❖ 日本紀錄片【多桑的待辦事項】內容

01. 造訪神父

02. 認真陪孫女玩

03. 投票給自民黨以外的人

04. 籌備告別式

05. 與母親一起家族旅行

06. 告別式場勘

07. 再見小孫女

08. 跟親友告別，繼承給兒子

09. 受洗

10. 第一次對老婆說我愛你

❖ 我的待辦事項 / 遺願清單

	待辦事項	預定日期	完成
1			
2			
3			
4			
5			
6			
7			
8			
9			
10			
11			
12			
13			
14			
15			
16			
17			
18			
19			
20			

終活筆記 ENDING NOTE
不留遺憾的人生四道備忘錄：道謝、道歉、道愛、道別

編　　著／孫珣恒
美術編輯／了凡製書坊
責任編輯／twohorses
校　　稿／譚乃元
企畫選書人／賈俊國

總 編 輯／賈俊國
副總編輯／蘇士尹
編　　輯／高懿萩
行銷企畫／張莉滎　蕭羽猜　黃欣

發 行 人／何飛鵬
法律顧問／元禾法律事務所王子文律師
出　　版／布克文化出版事業部
　　　　　台北市中山區民生東路二段 141 號 8 樓
　　　　　電話：(02)2500-7008　傳真：(02)2502-7676
　　　　　Email：sbooker.service@cite.com.tw
發　　行／英屬蓋曼群島商家庭傳媒股份有限公司城邦分公司
　　　　　台北市中山區民生東路二段 141 號 2 樓
　　　　　書虫客服服務專線：(02)2500-7718；2500-7719
　　　　　24 小時傳真專線：(02)2500-1990；2500-1991
　　　　　劃撥帳號：19863813；戶名：書虫股份有限公司
　　　　　讀者服務信箱：service@readingclub.com.tw
香港發行所／城邦（香港）出版集團有限公司
　　　　　香港灣仔駱克道 193 號東超商業中心 1 樓
　　　　　電話：+852-2508-6231　　傳真：+852-2578-9337
　　　　　Email：hkcite@biznetvigator.com
馬新發行所／城邦（馬新）出版集團 Cité (M) Sdn. Bhd.
　　　　　41, Jalan Radin Anum, Bandar Baru Sri Petaling,
　　　　　57000 Kuala Lumpur, Malaysia
　　　　　電話：+603- 9057-8822　　傳真：+603- 9057-6622
　　　　　Email：cite@cite.com.my
印　　刷／韋懋實業有限公司
初　　版／2023 年 1 月
定　　價／380 元
Ｉ Ｓ Ｂ Ｎ／978-626-7126-70-7
Ｅ Ｉ Ｓ Ｂ Ｎ／9786267126745(EPUB)

© 本著作之全球中文版（繁體版）為布克文化版權所有・翻印必究

城邦讀書花園
www.cite.com.tw　布克文化 WWW.SBOOKER.COM.TW